UNE
VISITE AU GIBRALTAR ITALIEN.

Excursion du yacht EUXÈNE à la Maddalena

PAR

Ch. DUFOURMANTELLE

Ancien Archiviste de la Corse

AJACCIO

IMPRIMERIE, PAPETERIE, TOUSSAINT MASSEL.

1893.

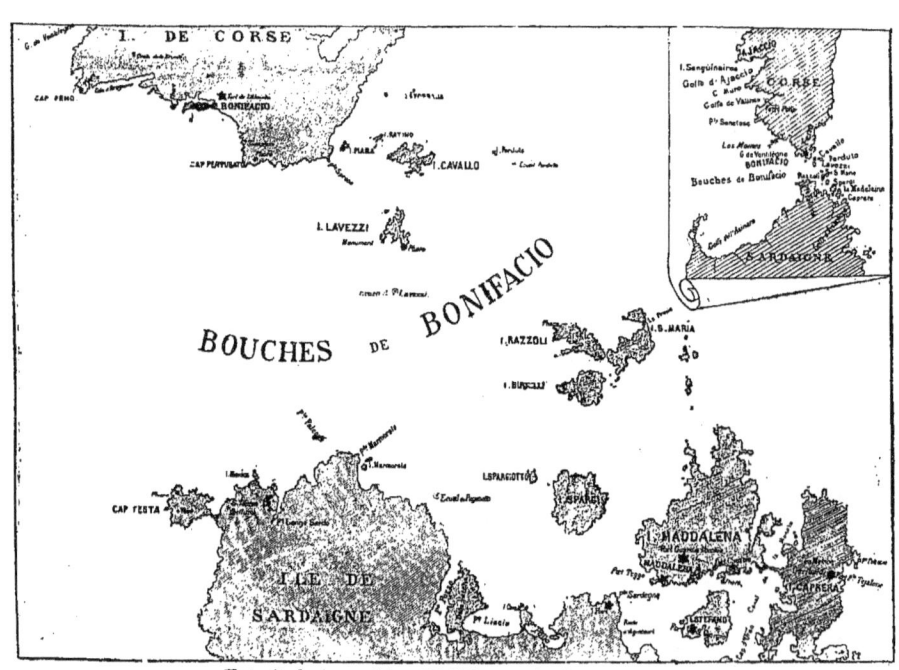

(Extrait du journal le « YACHT » du 21 Janvier 1893).

UNE VISITE AU GIBRALTAR ITALIEN.

(Excursion du yacht « EUXÈNE » à la Maddalena.)

PRÉFACE.

Dans la Méditerranée occidentale trois puissances se disputent la suprématie.

L'Angleterre tient l'entrée et la sortie par Gibraltar et Malte.

Le fameux Gibraltar n'est plus qu'un souvenir archéologique; de récents événements nous prouvent que l'Angleterre cherche à s'installer à Tanger.

La France s'imagine posséder une situation prépondérante.

Elle compte — au Nord, sur Toulon; — au centre, sur la Corse, « ce pistolet chargé au cœur de l'Italie, » comme dit le proverbe italien; — au Sud, sur Bizerte, avec son entrée étroite, sa rade immense, et toutes les ressources de notre empire africain.

Voici le rêve, nous verrons la réalité.

L'Italie, la tard-venue, a su rattraper le temps perdu en occupant une position inexpugnable, la mystérieuse Maddalena.

En cas de guerre maritime, la Corse, notre sentinelle avancée, est appelée à jouer un rôle important. Telle fut d'ailleurs la pensée du grand politique qui l'acquit au siècle dernier.

Or la Corse est pour des adversaires une quantité négligeable : — impossible de considérer comme défense sérieuse les quelques batteries installées à Ajaccio et à Bonifacio ; — et dont, entre parenthèse, les travaux ont été exécutés par des ouvriers PIÉMONTAIS !

Ces faits viennent d'être signalés à la tribune de la Chambre par M. Lockroy, qui ne nous paraît plus avoir, comme jadis, une confiance aveugle dans la sincère amitié de nos voisins.

A Bizerte également on n'a rien fait ; — et sur les côtes inhospitalières de nos vastes possessions africaines les escadres françaises ne trouveraient ni port de ravitaillement, ni refuge.

Au milieu un nid d'aigles, cette mystérieuse Maddalena. (Voir la carte ci-annexée.)

C'est là que pendant les guerres de la Révolution et de l'Empire le grand Nelson, dont on ignora toujours la retraite, avait installé son quartier général.

C'est de là que, toujours invisible et présent, surveillant à la fois les côtes d'Italie, de France et d'Espagne, il planait sur la Méditerranée pour s'abattre à l'improviste sur les navires français.

Se rappelant les leçons de l'histoire, l'Amirauté italienne n'a cessé, depuis environ dix ans, d'établir à la Maddalena, — sans bruit, presque en cachette, avec les plus minutieuses précautions contre les visiteurs, — un Gibraltar italien, moderne et autrement formidable que celui de l'Angleterre.

Il est douteux qu'on puisse forcer les passes de la Maddalena ; il est certain qu'une fois entré on ne pourrait plus sortir. (Voir la carte.)

Nos voisins ont installé un port militaire de premier ordre, — sous la haute direction d'un amiral, — dans un pays que personne ne menace, dans une région sans eau, sans mine, sans industrie, sans communications.

Ce n'est donc point là un bouclier ; c'est une arme offensive doublement redoutable puisque sa portée menace à la fois les côtes de France et nos colonies africaines.

Il y a déjà quelques années que les amiraux français, comprenant la tactique de nos adversaires, ont voulu nous en démontrer clairement le danger.

A-t-on oublié qu'en 1889, lors des manœuvres navales, l'Amiral O'Neil, parti des Bouches de Bonifacio, put, trompant la surveillance de la flotte de défense, simuler le bombardement de Marseille et de Cette et la destruction du viaduc de Bandol.

A cette leçon de choses, qui était la meilleure des démonstrations, la Chambre s'empressa de voter un crédit de vingt-cinq millions pour la défense des côtes ; malheureusement la totalité de ce crédit fut appliqué aux fortifications de Toulon.

Modifiant leur objectif suivant les circonstances, les cuirassés italiens, sortis à toute vapeur de la Maddalena, auraient le temps, — avant d'être rejoints par nos escadres, — d'opérer un débarquement en Corse, — de bombarder le littoral algérien, — et de jeter en Tunisie quelques régiments que renforceraient promptement les nombreux italiens établis dans la Régence et les tribus indigènes soulevées.

La Maddalena est le fourreau de l'épée prête à trancher le lien qui unit la vieille France à la France nouvelle.

Telles sont les réflexions que nous a suggérées la grande publicité donnée par les journaux italiens au récit d'une simple partie de pêche dans l'archipel sarde.

C. D.

UNE

EXCURSION A BORD DU YACHT « EUXÈNE »

D'AJACCIO A L'ILE DE LA MADDALENA

Les beaux jours sont enfin revenus, ramenant sur les côtes de Corse les brises accoutumées, qui, soufflant de terre toute la nuit, du large durant toute la journée, permettent aux caboteurs d'accomplir, comme des steamers, leur itinéraire dans un délai déterminé. Il est donc temps de procéder au réarmement de mon bateau.

L'*Euxène* est un petit yacht de pure construction marseillaise, gréé en sloop et jaugeant 14 tx ; sa longueur est de 10ᵐ60 (9ᵐ30 à la flottaison) ; sa largeur de 4ᵐ40 ; son creux de 1ᵐ30, et son tirant d'eau arrière de 2 mètres. A l'avant se trouve le poste de l'équipage ; au milieu une large cabine de 2ᵐ50 de longueur, puis une hiloire de 1ᵐ40.

Pour les voyages de printemps et d'été en Méditerranée, cette forme de construction est éminemment avantageuse ; à l'arrière sur le pont, à l'abri d'une bonne tente, on est à l'aise pour manger en compagnie, causer, se promener et dormir ; aussi est-il bien rare qu'on se réfugie dans la cabine, on passe son temps en plein air, au grand soleil. Sa grande largeur n'enlève rien à la marche du bateau, l'*Euxène* monte admirablement au vent et se comporte très bien par mauvais temps. Le seul désavantage de cette construction c'est d'exiger un gouvernail dont la grandeur pourrait offrir quelque danger par grosse mer d'arrière.

Selon l'ancienne habitude marseillaise, l'*Euxène* n'est point doublé en cuivre ; aussi est-il nécessaire de l'abattre chaque année en carène pour frotter avec soin le bordé et la quille et y passer, comme préservatif, une bonne couche d'enduit métallique ; à Ajaccio, les eaux sont propres et claires, malheureusement pour la coque de mon bateau qui n'a plus pour la conserver intacte les bonnes eaux sales et gluantes du vieux port de Marseille.

L'*Euxène* est prêt, tout est paré à bord ; sur le quai le propriétaire repasse encore une fois en son esprit les différents projets de voyage qu'il a formés durant l'année. Faut-il rester sur les côtes de Corse ? Est-il préférable de gagner l'île d'Elbe ou bien les rives de la Sardaigne ? La saison la plus favorable aux excursions en Corse c'est l'hiver, car alors le pays est sain, et l'on peut en toute sécurité chasser et pêcher ; mais à cette époque les flots et les vents sont changeants, et il est imprudent sur des yachts de petit tonnage de s'éloigner beaucoup du mouillage. En été, le temps est magnifique, les nuits sont douces à la belle étoile, la mer est calme, malheureusement on peut craindre dans certains endroits d'être saisi par les fièvres intermittentes.

L'arrivée de deux amis qui s'offrent comme compagnons de voyage vient interrompre cette rêverie solitaire. Ces messieurs, qui, eux aussi, connaissent bien la Corse, préféreraient faire une excursion à l'étranger, visiter par exemple les îles de Caprera et de la Maddalena ; l'un, M. B. C., qui est de nationalité italienne, ne serait pas fâché de connaître ces dépendances si importantes actuellement de l'Italie ; l'autre, M. P. C., qui est marin depuis quinze ans, et qui a déjà parcouru presque toutes les mers du globe, est enchanté de naviguer pour son plaisir sur un petit voilier. et de voir de nouveaux atterages où les hasards de la navigation pourraient le ramener un jour.

Bien entendu, je n'ai garde de refuser l'offre de si charmantes connaissances dont j'ai pu apprécier l'heureux caractère et l'agréable commerce ; d'un commun accord, nous choisissons l'île de la Maddalena comme but de notre excursion et fixons au surlendemain la date de notre départ.

A bord, nous serons donc trois amateurs, la cabine est assez vaste pour nous offrir en cas de besoin un confortable abri ; l'équipage comprend un patron, deux hommes, plus un ancien matelot de mes amis qui a demandé à se joindre à nous en qualité de volontaire ; au total sept personnes.

Le 28 juin 1892, à 9 heures et demie du soir, nous quittons Ajaccio ; le baromètre est à 770 m/m, la brise de terre souffle bien faiblement, c'est à peine si nous avançons. A 1 heure 1/2, la brise tombe complètement ; tous les trois, ainsi que le patron, nous allons nous coucher ; les deux matelots prennent le quart.

Toujours pas de vent, petite houle ; mes amis, qui ne peuvent dormir, préfèrent se lever et fumer tranquillement leur pipe sur le pont en attendant le point du jour. Dès que l'aube paraît, ils éveillent le patron, qui est excellent pêcheur, et s'en vont à terre avec lui pour tenter de prendre la bouillabaisse.

29 juin. — A six heures du matin, mes amis reviennent à bord ; au produit de leur pêche nous ajoutons une magnifique mustelle dont nous font cadeau des pêcheurs d'Ajaccio qui viennent accoster l'*Euxène* pour nous souhaiter bon voyage ; nous portons tous ensemble un 'toast au succès de notre excursion.

Enfin, à 6 heure 1/4, vient un peu de vent du Nord, nous doublons Capo di Muro ; le baromètre est stationnaire à 770 m/m, le thermomètre marque 24º centigrades ; en vue un vapeur et une tartane se dirigeant au N.-O.

A 9 heures 1/4, la brise du large se lève ; à 1 heure 1/2 nous doublons l'écueil de Latoniccia et commençons à apercevoir la pointe de Capo di Fieno qui nous cache Bonifacio ; il fait chaud, le thermomètre indique 28º. Nous avons parcouru 22 milles depuis Capo di Muro, extrémité Sud du golfe d'Ajaccio.

A 2 heures, le vent vient pleinement de l'arrière et fraîchit, nous établissons un foc comme spinnaker ; malgré cette belle brise d'Ouest, le thermomètre monte à 30º. Connaissant admirablement ces parages, nous tirons droit sur Capo di Fieno en rasant les Moines, de sinistre mémoire, et en passant sur le petit écueil d'Olmeto ; à 3 heure 10, nous sortons de ces dangereux parages en doublant la tour d'Olmeto avec une vitesse de 7 milles 8.

Vers 4 heures, nous nous trouvons par le travers de Bonifacio toujours avec belle brise arrière ; aussi, à 4 h. 10, prenons nous à l'improviste la résolution de changer notre itinéraire, et, au lieu d'aller mouiller à Bonifacio, nous nous dirigeons droit sur Longo Sardo, où nous arrivons à 6 h. 5 du soir.

Munis de la patente de santé qui nous a été délivrée à Ajaccio et que nous avons eu soin de faire viser par le vice-consul d'Italie, nous allons demander l'entrée ; le douanier italien, qui fait les cent pas sur le quai, nous prie très poliment d'attendre, dans le youyou, l'arrivée de l'agent sanitaire. Comme nous tenons à visiter sommairement la ville avant la nuit, nous hélons un gamin et le chargeons d'aller chercher cet honorable fonctionnaire. Le gamin s'élance et revient vite nous répondre que M. l'agent aura bientôt fini de dîner et qu'il va descendre. Il paraît que le dîner est excellent, car, comme sœur Anne, nous ne voyons rien venir. Après une heure passée à maugréer et à sortir du youyou l'eau qui entre nous mouiller les pieds, nous apercevons un brigadier des douanes auquel nous tendons vivement notre patente. Très poliment aussi cet excellent brigadier nous explique qu'il faut attendre la venue d'un fonctionnaire plus galonné que lui. Dix minutes après apparaît enfin un troisième douanier qui, très poliment encore, nous déclare qu'il n'est point du tout chargé du service de la santé, mais que nous pouvons débarquer ; il s'étonne même qu'on nous ait fait attendre une heure et demie et, finalement, il se confond en excuses. Notre colère est vite passée ; comment se fâcher avec des gens aussi polis ? nous sautons à terre et escaladons promptement le sentier qui conduit à la ville.

Pendant notre ennuyeuse attente, nous avons pu jeter un coup d'œil sur l'étroit boyau qui forme le golfe de Longo Sardo. Long de deux tiers de mille et large de 160 mètres, ce canal, dont l'entrée est assez difficile, offre un bon mouillage aux bateaux d'un tonnage moyen ; bien qu'il manque de fonds sur les rives ainsi qu'à l'extrémité Sud, c'est pour les torpilleurs un excellent abri.

Lors de notre arrivée nous ne trouvons à l'ancre qu'un cutter italien d'environ 50 tx, quelques tartanes et deux petits bateaux de pêche.

A la Marine, une seule Maison, celle du corps de garde de la douane ; à l'Est un vieux château ruiné ; au Sud, de belles plaines qui paraissent bien cultivées, (la culture de la vigne est assez florissante dans cette région, les jardins que nous apercevons renferment principalement des orangers et des grenadiers).

Après un quart d'heure de montée, nous arrivons à la ville ; Longo Sardo, que les habitants du pays appellent Santa Teresa de Galura, produit sur le voyageur une profonde impression de tristesse. Quand, ayant traversé la ville, on s'arrête sur le promontoire qui s'avance au large, on n'aperçoit, en se retournant, qu'un terrain balayé, ou plus exactement rasé par le vent. Au crépuscule, l'effet est grandiose : d'un côté la mer parsemée d'écueils, de l'autre la terre nue, désolée ; on se sent écrasé par cette sauvagerie de la nature.

Dans la ville, des rues assez larges se coupant à angles droits ; au centre, une place immense, sans un arbre, entourée de constructions hétérogènes ; les maisons, généralement basses, sont couvertes en tuiles creuses qu'on a pris soin de cimenter ; partout s'étendent de hauts et longs murs destinés à protéger les jardins. On est dans le domaine du vent. Aussi par contre, le pays est-il sain ; les enfants et les jeunes filles paraissent d'une santé florissante, nulle trace de mal'aria.

Un moment nous nous arrêtons surpris, le patois corse résonne à nos oreilles : nous nous rappelons alors que Longo Sardo était jadis, ainsi que la Maddalena, le refuge préféré des bandits corses ; espérons que, comme les convicts en Australie, ils auront fait ici souche de braves gens.

Nous ne sommes point restés assez longtemps pour pouvoir nous informer si, de même qu'à la Maddalena, beaucoup de familles de Longo Sardo portent des noms d'origine corse.

Sur ces entrefaites, la nuit est venue, nous nous empressons de rentrer à bord. Le baromètre est stationnaire à 770 m/m, le thermomètre est descendu à 26° ; dans le port, mer calme mais toujours belle brise.

— Le mercredi 29 juin, tout le monde est sur le pont à 5 heures du matin. Le baromètre est descendu à 768 m/m ; le vent de S.-O., qui n'a cessé de souffler toute la nuit, continue ce matin ; nous en profitons pour appareiller et, à 6 heure 1/2, nous quittons Longo Sardo. Dehors, la mer est houleuse, comme nous marchons très bien sous le foc seul, nous jugeons inutile de hisser la brigantine pour un si court trajet. Lorsque nous doublons la pointe Falcone le vent, qui décidément ne cesse de nous être favorable, tourne au N.-O. ; nous passons ainsi vent arrière à un tiers de mille de l'écueil du Paganetto que signale une balise surmontée d'un voyant, le tout en mauvais état ; nous laissons à notre droite les ports profonds de Porto Puzzo, de Porto Liscia, de Porto Pollo et montons la pointe de Sardegna. Nous voici dans l'archipel sarde, la mer tombe un peu ; nous apercevons au Nord les îles françaises de Lavezzi et de Cavallo, à l'Est le groupe italien, Razzoli, Budelli, Spargi, San Steffano, la Maddalena qui nous cache Caprera, au Sud la Sardaigne avec ses côtes bien découpées et ses montagnes en gradins.

Maintenant, nous distinguons aisément les nombreux forts construits depuis peu d'années pour faire de ce groupe d'îles une place de guerre de premier ordre ; près du port de la Maddalena, une batterie de petits canons à tir rapide tourne vers l'arrivant ses bouches menaçantes.

A 8 h. 35, nous jetons l'ancre au mouillage indiqué sur la carte ; en deux heures, sous le foc, nous avons parcouru nos 12 milles. Nous descendons à terre prendre l'entrée : nous trouvons en M. le directeur de la Santé un homme extrêmement aimable qui se met à notre disposition pour tous les renseignements nécessaires : il nous conseille d'abord d'entrer dans le port et de venir nous amarrer à quai ; puis il nous donne un de ses employés pour nous conduire au télégraphe et nous indiquer un hôtel où nous puissions goûter la cuisine insulaire.

Nos courses faites, nous rentrons à bord ; pendant ce temps la brise fraîchit, nous filons trois maillons. Nous regrettons un peu de n'avoir point suivi les conseils du directeur de la Santé, mais l'étroitesse et le peu de profondeur du port nous ont inspiré une certaine méfiance.

Dans la journée, nous retournons à terre, non sans peine, car nous tangons énormément et le youyou embarque beaucoup. Nous décidons d'aller à Caprera voir le tombeau et la maison de Garibaldi ; nous prenons à cet effet un gamin comme cicérone. Après avoir traversé toute la ville, nous arrivons à la porte de l'Arsenal ; là, un gardien nous arrête, très poliment d'ailleurs, et nous fait savoir qu'à son grand regret il lui est impossible de nous laisser passer sans la permission du commandant local. Nous faisons observer que nous ne voulons nullement visiter l'Arsenal, que nous désirons simplement nous promener jusqu'à Caprera. Le gardien nous répond que, quel que soit le but de notre excursion, il nous faut absolument, pour pouvoir passer, une autorisation signée par l'amiral. Nous rebroussons chemin, fort ennuyés, pour nous rendre chez le commandant en chef ; comme c'est l'heure de la sieste, cet officier général n'est point visible.

Désappointés, nous revenons en ville, et, en attendant que M. l'amiral Acton veuille bien nous recevoir, nous entrons au café national italien tenu par un Marseillais. Nous trouvons dans ce café quelques jeunes gens très aimables auxquels nous exposons notre cas ; ces Messieurs s'étonnent qu'il faille l'intervention de l'amiral pour cette simple visite, et nous offrent de parler en notre faveur au maire de la ville, M. Zicavo, détenteur des clefs de la Maison de Garibaldi. Nous acceptons cette proposition avec empressement et prenons rendez-vous pour le soir.

Nous continuons ensuite à parcourir la ville ; en passant, nous visitons l'église qui ne présente rien de remarquable ; signalons cependant une chapelle où l'on voit une statue de la Madone noire avec un *bambino* de même couleur ; on sait que le culte de la Madonna di Monte Nero, probablement d'origine génoise, se retrouve en Corse, à Ajaccio et à Bastia, ainsi que dans le midi de la France.

Sur le quai du port, on nous montre un boulet de canon lancé par les Français lorsqu'ils vinrent assiéger vainement la Maddalena en 1793 ; dans les rangs français servait en qualité de lieutenant-colonel de la milice corse Napoléon Bonaparte.

Vers cinq heures, nous rentrons à bord, l'un après l'autre, et avec beaucoup de difficultés. En attendant mon tour, je cause avec le directeur de la Santé ; bientôt la conversation roule sur la politique internationale. Le directeur me dit « que le malentendu avec la France a pour origine la conquête de la Tunisie ; que l'Italie considérait la Régence comme une succession devant fatalement lui revenir un jour ; que cette prise de possession par la France avait causé à l'Italie une blessure que rien ne pourrait cicatriser. Il ajoute que le conflit est accentué par les polémiques des journaux, et il termine en affirmant, bien entendu, que tous les torts sont du côté des Français. » Après une discussion excessivement courtoise, je retourne à bord en renouvelant à M. le directeur de la Santé tous nos remerciements pour son amabilité.

Nous devons reconnaître que, dans notre voyage, les fonctionnaires italiens ont été à notre égard d'une exquise urbanité.

La brise fraîchit toujours ; le baromètre baisse à 766 m/m ; de temps en temps de violentes rafales ; nous tanguons énormément ; impossible de nous rendre à terre. Nous jugeons prudent, avant d'aller nous coucher, de mettre un homme de garde pour nous prévenir dans le cas où nous chasserions sur les ancres.

Pendant une partie de la nuit, à bord du *Rapido,* croiseur de la Marine italienne, on se livre à des exercices de lumière électrique ; nous remarquons qu'on nous prend bien souvent comme point de mire ; pourquoi ?

Le lendemain matin (30 juin), nous allons au café national italien prendre la réponse du maire de la ville. M. le maire nous fait savoir qu'à son grand regret, par suite de l'état de la mer, il ne peut nous accompagner à Caprera. C'est un refus poli, mais significatif. Lors de ma première visite à la Maddalena, en 1886, j'avais pu sans permission et sans qu'on prêtât la moindre attention à mes faits et gestes, circuler partout, parcourir la Maddalena, visiter Caprera ; en 1892, mes amis et moi, nous ne pouvons faire un pas sans être immédiatement suivis et observés ; très poliment du reste, on nous refuse toute autorisation de sortir de l'enceinte de la ville. En mer, les équipages des torpilleurs et des canots à vapeur qui sillonnent continuellement la rade ne manquent jamais de passer près de nous et de jeter un coup d'œil à bord. Certes, nous sommes loin de blâmer ce luxe de précautions ; nous voudrions bien qu'on imitât en France ces procédés et qu'on montrât un peu plus de méfiance vis-à-vis des étrangers qui visitent nos nouveaux forts et nos arsenaux.

Or, tout le monde sait qu'en Corse comme dans la région de Nice, la majeure partie des ouvriers employés aux travaux de fortification est de nationalité italienne.

La Maddalena forme, avec les îles qui l'entourent et la

Sardaigne, une place forte de premier ordre. Plus de dix forts, sans compter les batteries, défendent les magnifiques rades de la Maddalena, d'Agincourt et d'Arsachena. La rade de la Maddalena, à elle seule, pourrait contenir toute la flotte italienne ; le génie italien a eu relativement peu de travaux à exécuter pour compléter l'œuvre de la nature. En quelques années, on a construit un arsenal où sont renfermés plusieurs centaines de condamnés, une jetée pour rétrécir encore la passe, un pont tournant sur le canal de la Moneta pour unir la Maddalena à Caprera. Toutes les hauteurs de la Maddalena, de Caprera et de la côte de Sardaigne sont hérissées de canons à longue portée ; de distance en distance, sur les côtes basses, on aperçoit des batteries de petits canons à tir rapide. Je ne sais si on pourrait forcer les passes, mais je crains bien qu'une fois entré on ne pût plus sortir.

Le gouvernement italien consacre chaque année, nous a-t-on dit, une somme de 10 millions à l'ensemble des travaux et, de plus, notons que ces travaux sont exécutés dans d'excellentes conditions d'économie vu qu'on n'emploie comme ouvriers que des condamnés ; en outre, on sait que le pouvoir de l'argent est bien plus considérable en Italie qu'en France.

Les fortifications de la Maddalena ne sont point seulement une défense pour l'Italie ; elles constituent une menace dangereuse pour la Corse et nos possessions africaines. N'oublions point que ces maîtres en navigation, les Anglais, avaient déjà pressenti l'importance de l'archipel Sarde, et que c'est de la rade d'Agincourt que Nelson, dont on ignorait la retraite, s'élançait à l'improviste sur les bâtiments français.

Lors de notre visite, nous trouvons au mouillage un croiseur, le *Rapido*, une vieille connaissance de Cochinchine pour notre ami P. ; l'école des mousses, la *Citta-di-Genova*, et une corvette qui sert probablement d'annexe à l'école ; au loin, un autre bâtiment. Le port et la rade sont sillonnés en tous sens par des canots à vapeur et des torpilleurs du système Schichau. Les forts se livrent à des exercices de tir ; nous voyons passer un canot à vapeur remorquant un but mobile.

La ville s'est considérablement agrandie depuis 1886 grâce à sa nouvelle situation de port de guerre. Toute la partie Est se trouve maintenant occupée par des constructions affectées aux différents services militaires. Sur la place Umberto on a élevé pour l'amiral, pour le commandant du génie maritime, etc., de jolies villas dans le style toscan ; cette place est assez belle mais elle manque d'ombrage, le vent n'ayant sans doute point permis aux arbres d'y pousser ; (un moment, nous avons aperçu l'amiral Acton, tout de blanc vêtu, se promenant devant sa villa).

La vieille ville est toujours très propre ; il est vrai que le charroi y est pour ainsi dire nul ; les magasins sont également bien tenus ; beaucoup d'épiciers et de coiffeurs, quelques cafés et quelques buvettes ; signalons enfin le marché aux poissons et le marché aux légumes. Sur le quai, en débarquant, on voit, à gauche, le bureau de la santé, à droite l'octroi et la maison du préteur (juge de paix).

Le port marchand m'a paru plus fréquenté qu'il y a six ans ; j'y ai compté six grandes tartanes, sardes, napolitaines et toscanes, plus une dizaine de petits bateaux. Beaucoup de ces bâtiments prennent ou apportent comme chargement du vin ; cette année, le vin est bon, abondant et pas trop cher (0 fr. 30 le litre).

Par contre, l'eau manque toujours à la Maddalena, on va la chercher dans les environs et on vous la vend 0 fr. 10 le petit baril. Il serait, paraît-il, assez facile de capter des sources et de conduire l'eau en ville, mais le budget communal est trop pauvre pour permettre cette dépense. Quant à la Marine, elle se sert d'eau distillée.

Sur les côtes, le poisson abonde. Une autre ressource des habitants, c'est la chasse ; l'île doit être giboyeuse si l'on en juge par le nombre des chiens de chasse que l'on aperçoit dans les rues.

Quant à la population, ce n'est point en deux jours qu'il est permis de se rendre compte de ses mœurs, de ses habitudes, de son état d'esprit ; nous nous bornerons à dire que nous avons trouvé les habitants polis et serviables, et que nous n'avons rencontré dans les rues ni vagabonds ni mendiants. Ainsi qu'à Longo Sardo beaucoup d'habitants sont d'origine corse ; l'île était autrefois le rendez-vous des bandits qui réussissaient à tromper la surveillance des voltigeurs corses : maintenant, à cause des traités d'extradition et vu la bonne organisation de la police italienne, les bandits n'ont plus intérêt à se réfugier ici, ils préfèrent honorer la Corse de leur présence.

Avant de quitter la ville, nous allons déjeuner au restaurant del bel Vedere pour goûter un peu les vins du pays et manger du macaroni avec des côtelettes à la milanaise.

Après déjeuner, nous décidons de lever l'ancre et de nous en aller en faisant toutefois une petite promenade de digestion autour de l'île de San Steffano. Nous appareillons à onze heures trente-cinq minutes ; d'une seule bordée nous parcourons toute la rade et arrivons jusqu'à la pointe de l'Ours (Capo del Urso).

Durant ce trajet défilent devant nos yeux, comme un superbe panorama, le vieux fort de la Guarda Vecchia avec ses récentes et nombreuses annexes, la nouvelle jetée hérissées de mats de signaux et de poteaux télégraphiques, l'arsenal et ses innombrables dépendances, le pont tournant qui relie Caprera et la Maddalena, toute la partie Ouest de Caprera et les fortifications du mont Tijalone flanquées de canons Krupp dans toutes les directions ; enfin la rade d'Arsachena avec son golfe profond.

Quant à la magnifique rade centrale, entourée par les îles de la Maddalena, de Caprera, de San Steffano et par la pointe de Sardaigne, sans issue propre sur la haute mer, elle forme un véritable lac aux ondes tranquilles mesurant en eaux profondes une largeur de deux tiers de mille sur une longueur de deux milles marins.

Nous n'avons eu garde d'oublier de saluer en passant les bâtiments à l'ancre qui, très courtoisement, nous ont rendu notre salut.

A la pointe de l'Ours, nous trouvons vent debout ; en deux bordées nous sommes au fond de la rade d'Agincourt ; la troisième nous fait monter la pointe de Sardegna ; la quatrième nous conduit en face du long golfe de Porto Pollo au fond duquel nous mouillons à une heure trente-cinq minutes du soir.

Porto Pollo de Sardegna est un endroit absolument désert ; long d'environ un mille, d'une largeur moyenne de 500 mètres en eau profonde c'est un excellent port de refuge pour les torpilleurs qu'il est impossible de découvrir de la haute mer s'ils ont soin de mouiller derrière une petite île qui se trouve au fond du golfe ; de plus, l'entrée est défendue par les canons du fort de Punta di Sardegna.

D'après les renseignements que nous ont donnés des pêcheurs, de la Madelaine, Porto Pollo serait très poissonneux. Nous voyons en effet beaucoup de poissons, mais nous en prenons peu soit à la canne, soit à la ligne, et le matin nous remontons nos nasses absolument vides ; heureusement que le patron S. attrape quelques loups à la traîne. « Dans ces endroits peu fréquentés, le poisson, nous dit le patron, n'a pas encore pris l'habitude de mordre à l'hameçon ni de manger les amorces ; il lui faut du temps pour faire son éducation. »

A terre, le paysage présente d'abord une côte marécageuse surtout dans la partie Ouest, puis des collines assez verdoyantes au milieu desquelles s'enfoncent de nombreux vallons où paissent des troupeaux de chèvres et de bœufs. De temps en temps, quelques-uns de ces animaux descendent jusqu'au bord de la mer pour se rafraîchir en prenant un bain ; mais dès qu'ils nous aperçoivent, ils s'enfuient, effarouchés, à travers le maquis. Aucun être humain, mais la voix du canon qui tonne dans le lointain rappelle la présence de l'homme, de l'homme qui se prépare à la guerre, triste contraste avec la tranquillité absolue de la nature environnante qui dispose la pensée au recueillement et à la paix.

Dans le lointain, au sommet d'une colline, nous distinguons un petit hameau ; nous décidons d'aller le visiter demain matin pour avoir une idée des villages sardes.

Samedi 2 juillet. — Nous nous levons de très bonne heure ; le baromètre est un peu remonté, il marque 766^{mm}1/2 ; le thermomètre est à 22°. Après une légère collation, nous partons pour le hameau que nous avons aperçu la veille. Comme nous avons entendu raconter une foule d'horreurs sur les bandits sardes qui, paraît-il, autrement dangereux que les bandits corses, ne se gênent point pour rançonner les voyageurs, nous prenons des précautions : chacun de nous met dans sa poche un révolver et un stylet et nous armons notre marin volontaire d'une carabine à répétition.

Après une heure et demie de montée à travers le maquis, nous arrivons au hameau qui est situé sur un large plateau au sommet d'une colline à pente assez douce. Ce hameau comprend cinq ou six maisons basses, mais d'un aspect nullement misérable ; il est entièrement clos de murs en pierres sèches destinés à empêcher le bétail et principalement les porcs de s'échapper. Quelques bouquets d'arbres plantés çà et là égaient la campagne ; aux alentours, des champs de blé entremêlés d'arbustes ; à environ 300 mètres, nous apercevons avec étonnement la cheminée d'un moulin à vapeur. La contrée est riche ; elle produit en abondance du blé, du vin et du bétail. Ces derniers renseignements nous sont donnés par une femme qui, du seuil de sa porte, nous invite à entrer nous reposer dans sa maison.

Nous acceptons cette offre gracieuse, heureux de connaître un intérieur sarde. Notre hôtesse est une femme d'environ trente ans d'une physionomie assez distinguée et respirant l'intelligence ; elle s'exprime avec facilité et dans un patois très élégant ; elle a vite reconnu que nous sommes Français et qu'un de nous est Italien. En causant, elle berce un beau bébé de dix-huit mois, elle a près d'elle sa fille aînée âgée de douze ans ; son troisième enfant, un petit garçon, dort encore dans une autre chambre.

Sa maison, qu'elle nous engage à visiter, comprend deux chambres. La première, très vaste, est toute noircie par la fumée ; ce qui n'étonnera personne quand on saura qu'au milieu de cette pièce on fait du feu dans un brasero et que, de plus, le four y a son ouverture ; le long des murs nous voyons des ustensiles de ménage, les objets nécessaires à la fabrication du beurre, des seaux en liège, une petite meule ; au fond un grand lit ; point de fenêtres, mais deux portes. Dans la seconde chambre, le décor change : cette pièce est d'une propreté remarquable, elle renferme deux grands lits garnis de rideaux, une commode et un buffet rempli de vaisselle ; deux larges fenêtres l'inondent de clarté.

Cette visite terminée, nous demandons à acheter du lait, des œufs et du fromage ; notre hôtesse nous verse quelques tasses d'un lait excellent, nous remet deux douzaines d'œufs, mais refuse de nous céder plus d'un fromage, ayant, dit-elle, besoin de sa provision. Pour le payement, nous avons une petite discussion monétaire, non point que les prix soient élevés, le lait coûtant un sou la tasse et les œufs douze sous la douzaine, mais parce que nous différons sur la manière de compter. Dans cette région, ce que nous appelons un sou se nomme un denier ; on réserve le nom de sou pour la pièce de dix centimes. D'ailleurs, en comptant par centimes, nous nous entendons tout de suite ; nous voilà rappelés par cette paysanne à l'observation du système métrique. Une autre difficulté surgit : notre hôtesse n'accepte qu'avec répugnance les pièces ne portant point les effigies de Victor Emmanuel ou du roi Humbert ; pour la contenter nous lui offrons une pièce d'or qu'elle change avec empressement.

Une fois réconfortés nous continuons à causer ; nous apprenons que nous sommes à Baravisa, hameau de Tempio ; que pour arriver à ce chef-lieu il faut voyager sept heures à cheval ; que l'agglomération la plus rapprochée est Longo Sardo.

Au moment de quitter cette oasis, notre hôtesse nous fait ses aveux ; elle nous avait pris d'abord pour des douaniers, puis pour des contrebandiers ! elle a beaucoup de peine à admettre que nous soyons de simples voyageurs. Je crois bien qu'il a dû rester un doute dans son esprit ; mais si nous comprenons qu'elle conserve de nous une opinion si peu flatteuse à certains points de vue, qu'elle nous autorise à penser de notre côté qu'elle a peut-être plus souvent offert l'hospitalité à des contrebandiers qu'à des défenseurs de la loi. Quoiqu'il en soit, enchantés de notre excursion, nous rentrons à bord pour appareiller.

Nous levons l'ancre à neuf heures moins dix. Un peu au large, nous trouvons une mer assez houleuse et des petits vents d'Est ; en vue un cargo-boat et deux voiliers : un latin et un brick-goëlette. A onze heures et demie, nous mouillons à l'île de Lavezzi, à environ 300 mètres de terre ; tout près du bateau, nous distinguons une roche à fleur d'eau qui n'est point marquée sur la carte (nous avons appris depuis que cet écueil a été relevé par les commandants des torpilleurs). Nous mettons le youyou à la mer afin d'aller visiter le phare, les deux cimetières et le monument élevé à la mémoire des naufragés de la *Sémillante*.

L'île de Lavezzi ainsi que sa voisine l'île de Cavallo appartiennent à des propriétaires de Bonifacio qui les louent comme pâturages à des bergers ; on se demande ce que peuvent bien paître les malheureux troupeaux sur un sol qui produit surtout des pierres et à peine quelques brins d'herbe desséchée par le vent. Lavezzi est très pittoresque avec ses amoncellements de rochers dans l'intérieur et les nombreuses déchiquetures de son rivage. A l'extrémité Sud, sur le détroit, se trouve le phare, massive et imposante construction. Le gardien fait d'abord quelques difficultés pour nous laisser pénétrer dans l'enceinte ; un coup d'œil jeté sur les annexes environnantes m'explique la raison de ces précautions... je suis enchanté qu'on se décide enfin en France à imiter la méfiance des Italiens à l'île de la Maddalena.

Comme tous les phares en général celui-ci est d'une propreté méticuleuse ; peut-être même est-il trop luxueusement meublé. On a quelquefois accusé MM. les ingénieurs des Ponts-et-Chaussées d'être peu ménagers des deniers des contribuables, mais ici il faut leur accorder les circonstances atténuantes, car le métier est dur à Lavezzi et à Bonifacio.

Qu'on me permette en passant une autre réflexion : pourquoi prend-on le premier venu comme gardien de phare ? Il me semble que le personnel devrait être recruté parmi les anciens marins, principalement parmi les timoniers, aujourd'hui surtout que certains phares peuvent être considérés, à cause de leurs annexes, comme de véritables postes fortifiés.

Au moment de descendre visiter les cimetières, nous voyons passer au large un grand vapeur, nous reconnaissons le *Canton*, de la Compagnie Nationale. Nous souhaitons bon voyage à nos petits soldats ; puissent-ils échapper aux fièvres et aux pirates du Tonkin !

Les cimetières, où sont enterrés les naufragés de la *Sémillante* sont au nombre de deux, divisés l'un et l'autre en parterres ornés de plantes grasses et bordés de briques ; l'Administration des Ponts et chaussées apporte le plus grand soin à leur conservation.

Nous ne nous permettrons point de recommencer, après Alphonse Daudet, le récit du naufrage de la *Sémillante ;* rappelons seulement que cette horible catastrophe se passa dans la nuit du 15 février 1855.

Dans le premier cimetière repose, avec quelques-uns de ses compagnons d'infortune, le capitaine de frégate Jugan, commandant de la *Sémillante*. Une inscription extrêmement longue, gravée sur une plaque de bronze, nous dit que le commandant Jugan était né le 7 septembre 1807 ; que sa mère, sa femme et ses enfants déplorent sa perte et souhaitent d'être réunis avec lui dans le Ciel, etc... Au lieu d'une épitaphe si développée on eût préféré quelques lignes brèves et énergiques mieux en rapport avec le caractère de ce brave marin.

Dans le second cimetière sont enterrés les autres cadavres ; on y lit l'inscription suivante : « A la mémoire de l'abbé Carrière, aumônier de la *Sémillante*, naufragé le 15 février 1855. »

Le monument élevé à la mémoire des naufragés se trouve sur un petit îlot au Nord-Ouest de Lavezzi ; il comprend au centre une pyramide surmontée d'une croix de cuivre ; autour, une grille rectangulaire en fer ayant à chaque angle un trophée formé de grappins et d'obus. On lit sur les côtés de la pyramide : « A la mémoire des naufragés de la frégate la *Sémillante*, brisée sur la pointe de ce récif dans la tempête du 15 février 1855. — 350 marins et 400 soldats français partis de Toulon la veille allaient au siège de Sébastopol, tous ont été engloutis. — La mer n'a rendu que 592 cadavres mutilés, 560 reposent dans les deux cimetières de l'île. Le corps du commandant Gabriel Jugan, qui seul a pu être reconnu, est déposé dans une tombe distincte. — Sous le règne de Napoléon III, empereur des Français. »

On sait que le cadavre du commandant fut reconnu parce que, se voyant perdu, ce fier marin voulut pour saluer la mort revêtir son grand uniforme.

En terminant cette description, n'oublions pas de féliciter l'Administration d'avoir fait réparer tout récemment le monument.

Nous regagnons l'*Euxène* à une heure et quart ; le baromètre et le thermomètre n'ont cessé de monter, le baromètre est à 769 m/m, le thermomètre marque 30° ; la mer a calmé, nous laissons donc le youyou à la traîne et partons pour Bonifacio. Tout à coup, au moment de nous mettre à déjeuner, nous nous apercevons que le youyou, dont l'anneau s'est rompu, se remplit rapidement ; après un quart d'heure de travail, nous parvenons à le vider et à le hisser à bord ; c'est là notre seule avarie du voyage.

Nous voici sous le phare de Bonifacio ; nous avons vent

debout pour entrer ; mais comme notre patron connaît admirablement le canal, nous exécutons quelques belles bordées à raser la terre ; et à trois heures et quart nous nous amarrons à quai.

Dans la soirée ainsi que le lendemain matin, je me livre avec l'ami P. à la pêche aux bouchons dans le port même. Ces fonds sont toujours aussi poissonneux qu'autrefois : en une heure de temps on attrape facilement une vingtaine de blades ; toutefois les mulets, qui sautent de tous les côtés, ne veulent point se décider à mordre ; à Ajaccio, au contraire, nous prenons bien plus facilement aux bouchons les mulets que les blades.

Dimanche 3 juillet. — Dans la journée, nous faisons la visite obligatoire aux grottes que nous connaissons déjà ; il y a six ans, nous y avions trouvé des phoques ; cette fois, nous y rencontrons joyeuse compagnie, et, tous ensemble, nous nous livrons gaiement à la poursuite des poissons et des crustacés qui abondent dans des petites mares transparentes.

Le soir, nous allons parcourir la ville et souhaiter le bonjour à quelques anciennes connaissances.

Grâce à sa position stratégique sur les bouches de Bonifacio, le vieux préside génois renaît de ses cendres ; lors de notre dernière visite, en 1886, Bonifacio semblait une ville près de sa fin avec ses rues silencieuses, ses nombreuses maisons désertes, sa population clairsemée et ne cessant d'émigrer ; aujourd'hui, l'animation est revenue partout, dans la ville haute, à la Marine, tout le long des fortications. La garnison a été considérablement augmentée ; les vieilles tours et les puissantes murailles qui abritaient au moyen âge les arbalétriers génois sont maintenant couronnées par les grosses pièces de l'artillerie moderne.

En outre, on n'attend plus que les ordres du ministre de la guerre pour commencer l'exécution de nouveaux ouvrages ; peut être le souvenir des faits regrettables qui se sont passés en Corse lors des fameuses expropriations pour la construction du chemin de fer fait-il hésiter le gouvernement à continuer les travaux de fortification ; cependant les Bonifaciens, leur sympathique maire en tête, déclarent hautement qu'ils sont disposés à tous les sacrifices nécessaires pour la défense nationale et qu'on peut compter sur leur patriotisme.

La Marine, de son côté, ne reste point inactive ; les amiraux commandant l'escadre de la Méditerranée, ne négligent jamais, lorsqu'ils opèrent sur les côtes de la Corse, de venir à Bonifacio se rendre compte par eux-mêmes de l'état des travaux. On a installé dans le fond du port un ponton muni du matériel et des provisions nécessaires aux torpilleurs attachés à la défense de la Corse.

Ce long boyau, que forme le golfe de Bonifacio, offre une admirable retraite pour toute une escadrille de torpilleurs, avec son entrée naturellement difficile, ses nombreuses calangues, ses eaux profondes jusque sur les bords ; de grosses pièces sur les hauteurs, des canons à tir rapide sur le rivage, sans parler des nombreuses torpilles immergées en temps de guerre, défendent l'entrée de la passe.

Il est toutefois regrettable que la défense des côtes ne soit point entre les mains de la Marine ; si, les hostilités ouvertes, un torpilleur se présentait à l'entrée de Bonifacio, jamais un artilleur de l'armée ne serait capable de reconnaître promptement la nationalité de l'arrivant.

Le lundi 4 juillet nous nous levons de très bonne heure pour aller jeter un rapide coup d'œil sur le golfe de Santa Manza, et nous rendre ensuite, comme tous les excursionnistes, en pèlerinage au couvent de la Trinité, situé dans une position ravissante, à quelques kilomètres de Bonifacio. La Trinité est aussi célèbre parmi les marins corses de la côte occidentale que la Bonne Mère chez les Marseillais ; la chapelle fourmille d'*ex-voto* offerts en reconnaissance de sauvetages miraculeux.

Nous n'avons plus retrouvé à la Trinité le bon vieux moine vénitien que nous avions vu en 1886, et qui nous avait charmés par sa vive intelligence et sa spirituelle causerie ; cette année, nous avons été reçus par un jeune capucin, également italien, d'un abord très aimable, mais d'une ignorance stupéfiante.

Dans cette excursion, nous avons rencontré de belles forêts d'oliviers, principale richesse des Bonifaciens ; en même temps, nous avons pu admirer avec quels soins et au prix de quels efforts les jardins des environs sont cultivés par leurs propriétaires ; souhaitons le prompt achèvement du chemin de fer de la côte orientale, de Bastia à Bonifacio, pour permettre enfin à cette population laborieuse de tirer un meilleur parti des fruits de son travail.

Après un déjeuner sommaire nous quittons Bonifacio. Le vent continue à nous être favorable, et c'est avec une jolie brise arrière que nous allons mouiller à Cala Fornello, près de la tour d'Olmeto. Nous avions bien promis à un ami de Bonifacio d'aller ce jour-là lui demander l'hospitalité dans le golfe de Ventilegne pour faire ensemble une bonne partie de pêche dans ces parages si poissonneux, mais nous avons dû renoncer à ce projet par crainte de ne pouvoir atteindre Ajaccio le surlendemain, jour fixé pour notre arrivée.

Le soir, repos général ; nos hommes, qui ont fait la fête à Bonifacio, ont envie de dormir ; mon ami B. et moi, nous nous sentons un peu fatigués par suite de la vie mouvementée que nous menons depuis huit jours, et surtout à cause de la nourriture échauffante du bord ; quant à notre compagnon P. C. le marin, il n'a jamais été aussi bien portant, aussi dispos.

5 juillet. — Ce matin nous faisons une assez bonne pêche ; au tableau, quatre murènes pesant ensemble près de sept kilogrammes, plusieurs blades, quelques petits poissons, de nombreux crabes et patelles. Cette pêche nous dédommage de notre nuit pendant laquelle nous avons été aussi horriblement secoués que si nous étions restés mouillés au large. Je ne recommande point Cala Fornello aux gens qui veulent dormir tranquilles à bord.

Après une succulente bouillabaisse, nous quittons ce mouillage sans regret ; il est onze heures cinquante ; le baromètre est stationnaire à 769 m/m, le thermomètre marque 28° ; au large, souffle une jolie brise de Nord-Ouest, la mer est houleuse.

Pour monter le grand écueil d'Olmeto et les Moines, nous tirons pendant près de deux heures une longue bordée dans l'O. S. O. ; la deuxième bordée nous porte près de l'écueil de Latoniccia, la quatrième sur la pointe Senetose, la sixième, enfin, au fond de la calangue de Conca où nous jetons l'ancre à six heures cinq minutes du soir.

Nous n'avons rencontré qu'un grand steamer à trois mâts, une tartane et un petit bateau pêcheur.

Pendant que l'équipage prépare le dîner et fait sécher ses

hardes et sa literie mouillées par les embruns, M. B. s'empresse d'aller à terre pour croquer l'*Euxène* à l'ancre et le paysage environnant.

Sur le rivage, nous apercevons un troupeau de chèvres et quelques naturels qui viennent prendre des bains.

Mercredi 6 juillet. — Le vent qui a soufflé toute la nuit continue ce matin, le baromètre a baissé d'un millimètre ; comme nous avons encore plus de 22 milles à parcourir avant d'arriver à Ajaccio, dès 7 heures précises je donne le signal de départ ; nous nous tirons avec peine de cette profonde calangue où nous avons été aussi mal que la veille à Cala Fornello.

Après une petite bordée au large, le vent qui commence à tourner à l'Ouest nous porte droit sur Capo di Muro que nous doublons à 11 heures et demie. Nous sommes dans le golfe d'Ajaccio, nous voici chez nous ; aussitôt la brise tombe comme par enchantement, la chaleur devient accablante et la houle nous ballotte sur place pendant plus de deux heures. Nous nous rappelons avec mélancolie que les Bonifaciens ont baptisé ce golfe du nom de golfe du Diable, parce que, disent-ils, « il y a toujours de la mer, et jamais de vent ».

Cependant, le *Progrès*, du port d'Ajaccio, qui se rend à Propriano bondé de passagers, s'est approché pour nous souhaiter un joyeux bonjour. Nous remercions par trois hourras l'aimable capitaine de ce petit vapeur qui a pour armateur M. Lanzi, agent de l'Union des Yachts français.

Entre temps, le vent du large recommence à souffler ; et à trois heures trente-cinq minutes du soir l'*Euxène* est revenu à son point de départ dans le port d'Ajaccio.

En résumé, nous sommes tellement charmés de notre voyage que mes deux compagnons, en me disant au revoir, me font promettre de recommencer ensemble l'année prochaine une semblable excursion.

DUFOURMANTELLE
Yacht « Euxène » U. Y. F.

IMPRIMERIE, PAPETERIE, TOUSSAINT MASSEL

www.ingramcontent.com/pod-product-compliance
Lightning Source LLC
Chambersburg PA
CBHW070528050426
42451CB00013B/2906